Es ist alles eine Frage der Zubereitung.

Sinje Schnittker   Jule Balandat   Tina Werzinger

DIE LIEBLINGSREZEPTE DER

Zucchini Sistaz

FOTOGRAFIE
Lisa Nieschlag
Peter Wattendorff

Dr. Grünzeugs'
BUCHSTABENKATALOG

Inhalt

Vorwort	6
Das Zucchini-Kochbuch	8
Die Zucchini Sistaz	10

KLEINE KÜCHE 12

Flammende Zucchini-Melonen-Herzen	15
Gefüllte Zucchiniblüten	16
Zucchini-Curry-Suppe	21
Zucchini-Ricotta-Päckchen auf Tomatenbett	25
Zucchini-Himbeer-Eis mit Cashewsplittern	28

HAUPTSPEISEN 30

Zucchini-Ofengemüse mit grünem Spargel und Austernpilzen	32
Zoodles mit Zitronen-Erbsen-Soße	35
Gefüllte Zucchini-Fächerkartoffeln	43
Kartoffelklöße mit Zucchini-Überraschung	44
Zucchini-Pommes mit Schichtkäse	52

ZUM MITNEHMEN UND MITBRINGEN 54

Zucchini-Rosen	56
Zucchini-Glasnudelsalat mit Mango	59
Zucchini-Kartoffelsalat mit Kapern und Dill	64
Zucchini-Bällchen mit Minzdip	67
Saftiger Zucchinikuchen	70

Kuriositäten und Tipps

Ein zartes Aroma	18
Kleine Zucchinikunde	22
„Huch, was ist denn das für eine Frucht?"	27
Das richtige Schneidewerkzeug	36
Als die Zucchini noch ein Exot war	38
Das Garten-Einmaleins	47
Obst- und Gemüsenetz zum Selberhäkeln	61
Hausgemachte Gesichtsmasken	68

Impressum	72

Vorwort

Das erste Mal begegnete ich den Zucchini Sistaz vor einem gemeinsamen Auftritt in der Garderobe des Dortmunder Domicils – als einer fröhlich-chaotischen Frauen-Combo mit ansteckend guter Laune, die sich flott in zucchinihafte Elfen verwandelte und für die einfach kein anderes Gemüse als Namenspate infrage kommen könnte.

Ich habe keinen Schimmer, ob diese Sistaz nur halb so gut kochen können wie sie das Publikum mit ihren wunderbaren Musikeinlagen und ihrem äußerst charmanten Auftreten begeistern. Aber wenn das in ihrer Küche so lustig zugeht wie auf der Bühne, wäre ich jedenfalls gerne mal dabei. Natürlich würde ich Champagner mitbringen, weil es das einzige Getränk ist, das dem Stil der Damen entspricht. Und übrigens auch die echten Zucchini passend begleitet.

Denn die drei haben unbedingt recht damit, dass Zucchini zumindest in den nördlichen Breitengraden Europas ein unterschätztes Gemüse sind, nicht nur bei der äußerlichen Anwendung.

Damit ist das Buch also ein unverzichtbares Instrument für alle Zucchini-Spieler in der Küche und solche, die es werden wollen. Bei mir bekommt es sofort einen Ehrenplatz direkt neben der CD mit den Zucchini-Songs zum gemeinsamen Einsatz.

Also auf die Zucchini, fertig, los – und immer guten Appetit!

Herzlich,

Helmut Gote

Helmut Gote

Der leidenschaftliche Radiokoch widmet sich mit großer Finesse und Bodenständigkeit allem, was aus seiner Sicht mit Essen und Trinken zu tun hat. Seit Jahren redet er seinen Hörern den Mund wässrig, u.a. auf WDR 5 bei „Alles in Butter" und auf WDR 2 bei „Jetzt Gote!". Mit seinen Bühnenshows, Kochbüchern und Restaurantführern bereichert er die kulinarische Welt immens und hat so nicht zuletzt die Herzen der Zucchini Sistaz im Sturm erobert.

Das Zucchini-Kochbuch

Als Band, die ihren Namen beim Gemüse-Schnibbeln während der Probe erfindet, wussten wir eigentlich von Anfang an: Irgendwann muss ein Kochbuch her. Wir Damen führen unseren gemeinsamen Haushalt in strikter Aufteilung der Hoheiten: Während Balandat der Küchenchef ist, vollführt Werzinger wahre Wunder im Garten. Sie kann sogar einen Besenstiel in die Erde stecken und er schlägt Wurzeln! Schnittker wiederum schlägt die Maschen und häkelt und strickt, was das Zeug hält.

Damit wir all unsere Lieblingsrezepte und Expertise rund um das gurkenähnliche Kürbisgewächs weitergeben können, haben wir uns also ans Werk gemacht. Et voilà: Hier finden Sie unsere 15 Lieblingsrezepte aus dem großen Fundus der feinen Zucchini-Küche!

Die Gerichte stammen von der gemüsikalischen Wahlfamilie, unserem wunderbaren Publikum und natürlich aus unseren eigenen Kochtöpfen – über viele Jahre gesammelt, jetzt aufgeschrieben und in Buchform gebracht.

Nach wie vor proben wir am liebsten in der Küche. Denn hier ist die Kaffeemaschine nicht weit und nach einigen Stunden der produktiven Arbeit fängt mindestens eine von uns an, irgendwas Schnelles

Das fleißige Bienchen
Die Wildbiene ist unser Maskottchen, weil wir gerne fleißige Bienchen sind und es lieben, all unsere Ideen zu verwirklichen – und schwupps – schon hält man sein eigenes Kochbuch in den Händen.

Da Bienen heutzutage wirklich kein leichtes Leben führen, versuchen wir, ihnen kleine Oasen zu schaffen. Darum bepflanzen wir unseren Garten und Balkon stets bienenfreundlich. Auch Kräuter sind dafür bestens geeignet – zum Beispiel Thymian, Basilikum, Lavendel oder Minze. Dann summt und brummt der Garten, dass es eine Wonne ist!

zu brutzeln, am liebsten einfache Ofengerichte. Gerade für Künstlerinnen, die so viel reisen wie wir, hat die heimische Küche einen großen Stellenwert. Denn: Zuhause schmeckt's am besten!

Unterwegs zu jährlich rund hundert Konzerten in Deutschland, der Schweiz und den Niederlanden bleibt wenig Zeit zu Hause zu speisen. Deshalb haben wir in unserem Kochbuch den sogenannten Proviant- und Reiserezepten ein eigenes Kapitel gewidmet. Was mit der berühmten „Fahrtmöhre" anfing (Rohkost für unterwegs), ist mittlerweile in eine regelrechte Picknick-Kultur ausgeartet.

Wir wünschen viel Spaß beim Schnibbeln, Schlemmen und Schmökern!

Herzlichst und stets die Ihren

Zucchini Sistaz

Sinje / Jule / Tina

Was gibt's noch?
Wir empfehlen auch die äußerliche Gemüsebehandlung – denn feine Speisen haben nicht nur eine wohltuende Wirkung von innen. Auf Seite 68 f. finden Sie Rezepturen für hausgemachte Gesichtsmasken. Schon mal probiert? Wir Zucchinis schwören drauf!

Das kleine Kompendium wird abgerundet durch unser Garten-Einmaleins (siehe Seite 47 ff.) und eine Pflanzen- und Schneidewerkzeugkunde (siehe Seite 22 f. und 36 f.).

Die Zucchini Sistaz
Gemüsikalische Unterhaltungskunst

Die Zucchini Sistaz machen nicht einfach nur Musik. Sie machen Musik zum Anschauen. Sie servieren saftigen Swing und Eigenkompositionen in herrlich frischem Gewand. Ihre bisweilen akrobatischen Darbietungen würzen die drei Damen mit deutschen Texten, charmanten Turbulenzen und – als ob das nicht schon spektakulär genug wäre – sie sind dabei auch noch ihre eigene „Im-Kleid-Begleit-Band" an Gitarre, Kontrabass und Trompete. Denn: Selbst ist die Frau.

Mit der Eleganz vergangener Tage und dem Selbstbewusstsein von heute werden die großen Big-Band-Hits in halsbrecherischen Minimalinterpretationen aufgetischt und augenzwinkernd durch den Gemüsewolf gedreht. Das immergrüne Bühnenkleid sitzt dabei ebenso perfekt wie Frisur, Wimpern und der Schalk im Nacken.

In Sachen Wortakrobatik sind diese Fräuleins ebenfalls äußerst bewandert. Mit viel Liebe zum Detail, unbändiger Spielfreude und verbalen Frotzeleien verzaubern sie ihr Publikum – dabei dürfen eine ordentliche Portion Humor und die eine oder andere Prise Situationskomik natürlich nicht fehlen!

Wenn die Zucchinis auf der Bühne stehen, geht das über ein konventionelles Konzert weit hinaus und am Schluss will niemand gehen: Das Gemüse nicht von der Bühne und das Publikum nicht nach Hause.

SINJE SCHNITTKER
Singendes Multitalent an Trompete, Posaune und sonstigem Klimbim. Geboren in Braunschweig und aufgewachsen in den Big Bands der Republik sorgt „Schnittchen Schnittker" für die besonderen Klangfarben eines jeden Liedes.

JULE BALANDAT
Singende Kontrabassistin und Fachfrau für Zirzensik und Conférence. Charmant und mitreißend führt die ursprüngliche Dortmunderin durch das Programm und beweist, dass Bassisten sehr wohl in der ersten Reihe stehen können.

TINA WERZINGER
Singende Gitarristin, hinreißende Unterhalterin und unermüdliche Rhythmusmaschine der Zucchinis. Die waschechte Fränkin ist verbal als solche nicht zu enttarnen, studierte schlagfertige Kommunikation und in der Kunst des anmutigen Akkorde-Dreschens reicht ‚La' Werzinger keiner das Wasser.

Die gemüsikalische Wahlfamilie gründete sich 2009 und jede der drei Zucchini-Musikerinnen ist für sich genommen schon ein echtes Original.

Kleine Küche

Mit der Zucchini als Protagonistin wird die kleine Küche zur feinen Küche. Ob als eigenständige Zwischenmahlzeit oder als erlesener Gang innerhalb eines ausgiebigen Menüs sind die folgenden Rezepte gern gesehene Gäste auf unserem Speiseplan. Als Suppe, Eis, aus dem Ofen oder der Pfanne, charmant und leichtfüßig zeigt die Zucchini hier, was sie kann.
Probieren Sie's mal!

Flammende Zucchini-Melonen-Herzen

Wir sind in Liebe entflammt für diese fruchtige Vorspeise. Wenn wir Gäste im Hause Zucchini erwarten, schicken wir diese kleinen Teller gerne als Gruß aus der Küche dem anstehenden Festmahl voraus. Ein außergewöhnlich herzliches Willkommen auf jeder schmuckvollen Tafel!

ZUTATEN

Für 4 Personen

1 Wassermelone
½ Bio-Zitrone
150 g Ziegenfrischkäse
1 EL Kürbiskernöl
Salz
Pfeffer
1 Zucchini
1 EL Butter
4 EL gestiftelte Mandeln
1 EL brauner Zucker

1. Die Wassermelone in ca. 2 cm dicke Scheiben schneiden. Die Scheiben vierteln, aus den Vierteln Herzen schneiden und diese auf kleinen Tellerchen platzieren. (Oder man schneidet aus einer ganzen Scheibe ein Herz, falls die Melone nicht so groß ist.)
2. Die Zitronenhälfte heiß abwaschen, trocken reiben, dann die Schale abreiben und auspressen. Den Ziegenfrischkäse mit Kürbiskernöl, Zitronenabrieb, Salz und Pfeffer vermengen. Den Zitronensaft nach Belieben zugeben.
3. Die Zucchini waschen, putzen und erst quer dann längs halbieren, sodass man vier Stücke hat. Diese in mehrfach eingeschnittene Scheiben teilen. (Achtung, unten nicht ganz durchschneiden.) In einer Pfanne mit Deckel in Butter hellbraun dünsten. Anschließend auf den Tellerchen über den Herzen platzieren. Die Mandelstifte in einer Pfanne ohne Fett bei mittlerer Hitze leicht bräunen und dann mit dem Zucker unter ständigem Rühren karamellisieren.
4. Je einen Klecks Ziegenkäsecreme mittig auf den Herzen platzieren. Mit dem Mandelkrokant bestreuen und servieren.

Tipp
Falls der Ziegenkäse zu fest ist, etwas Schmand untermengen.

Gefüllte Zucchiniblüten

Gemüsegartenbesitzer sind hier klar im Vorteil: Sie sitzen an der Quelle dieser köstlichen Zucchini-Spezialität. Doch auch auf dem Markt findet man Zucchiniblüten und in manchen gut sortierten Gemüsegeschäften kann man Zucchiniblüten vorbestellen. Die junge Zucchini mit dem fein-nussigen Aroma wird in unserer Variante mit Kartoffelstampf gefüllt und im Ofen gegart. Perfekt als Gruß aus der Küche in einer festlichen Menüfolge oder als sommerliche Salatbeilage.

ZUTATEN

Für 4 Personen

- 300 g mehligkochende Kartoffeln
- 1 Zwiebel
- 1 kleiner säuerlicher Apfel
- 1 EL Butter
- 2 EL Sahne
- 1 Prise Muskatnuss
- Pfeffer
- 3 EL Olivenöl
- 8 (männliche) Zucchiniblüten
- Salz

1. Den Backofen auf 180 °C Umluft vorheizen. Die Kartoffeln schälen, waschen, klein würfeln und in Salzwasser in 8–10 Minuten weich kochen. Beiseitestellen.
2. Die Zwiebel schälen und sehr fein würfeln. Den Apfel waschen, vom Kerngehäuse befreien und sehr fein würfeln. Beides bei mittlerer Hitze in der Butter 6–8 Minuten anbraten, bis leichte Röstaromen entstehen.
3. Kartoffeln, Zwiebeln und Apfel mit der Sahne sehr fein stampfen und mit Muskat und Pfeffer abschmecken.
4. Eine Auflaufform mit 2 EL Olivenöl einfetten. Zucchiniblüten waschen, Blütenstempel und Staubgefäße entfernen. (Kontrollieren, ob die Blüte von innen wirklich sauber ist). Die Blüten etwas aufhalten, mit dem Teelöffel oder einer Spritztülle das Püree hineinfüllen und die Blüten rund um die Masse andrücken. In die Form legen, mit 1 EL Öl beträufeln und 12–15 Minuten backen.
5. Mit Salz und Pfeffer bestreut servieren.

Tipp

Wer es nicht zu al dente mag, schneidet die Stängel vor dem Backen bis kurz vor die Blüte längs ein.

Ein zartes Aroma

Wie oder wonach schmeckt eigentlich eine Zucchini? Während die Blüte und der ganz frische Fruchtansatz noch fast nussig und in der Konsistenz zart-fest sind, ist die kolossal ausufernde Riesen-Zucchini, die den ganzen Sommer lang vor sich hin wachsen durfte, nahezu geschmacklos. Zwischen diesen Extremen erleben wir ein Gemüse, das vielseitiger kaum sein könnte.

Denn gerade sein etwas neutralerer Geschmack macht das Gewächs in der Zubereitung so anschmiegsam, dass es einem nicht zum Halse heraushängen kann. (Selbst dann nicht, wenn man ein Zucchini-Kochbuch schreibt und wochenlang nichts anderes isst – wir sind der lebende und gut gelaunte Beweis!)

Wenn der ein oder andere Zucchini-Kritiker also behauptet, eine Zucchini wäre fad und geschmacklos, so setzen wir entgegen: Es ist alles eine Frage der Zubereitung und der kulinarisch-kompositorischen Kombinationskunst. (Auch dafür sind wir der lebende Beweis!)

Warum nicht mal Kräuter statt Blumen?
Die aromatischen Sträuße sehen in Porzellan-Milchkännchen wunderschön aus und können bei Bedarf jedem Gericht den nötigen Pfiff verpassen.

Zucchini-Curry-Suppe

Ein Klassiker zu jeder Jahreszeit! Bei uns besonders beliebt, wenn die Erkältungswelle anrückt – des Ingwers wegen. Dieses Süppchen schürt das innere Feuer und bringt in jeden Alltag den nötigen Hauch Exotik.

1. Zwiebeln, Knoblauch und Ingwer schälen und fein würfeln. Das Kokosnussöl in einem großen Topf erhitzen und alles andünsten. Die Möhren waschen, schälen und würfeln. Die Currypaste mit anbraten, danach den Zucker untermischen, die Möhrenwürfel zugeben und gelegentlich umrühren.
2. Den Knollensellerie schälen, würfeln und ebenfalls in den Topf geben. Die Zucchini waschen, putzen, würfeln und zugeben.
3. Das Gemüse mit der Brühe ablöschen, umrühren und bei schwacher Hitze köcheln lassen. Die Kokosmilch zugeben, kurz aufkochen lassen und die Suppe pürieren. Mit Salz und Pfeffer würzen und servieren.

ZUTATEN

Für 4 Personen

3 Zwiebeln
3 Knoblauchzehen
1 walnussgroßes Stück Ingwer
1 EL Kokosnussöl
2 Möhren
1 ½ EL gelbe Currypaste
2 TL brauner Zucker
250 g Knollensellerie
500 g Zucchini
ca. 600 ml Gemüsebrühe
400 ml Kokosmilch
Salz
Pfeffer

Tipp

Sollte die Suppe zu dickflüssig sein, einfach etwas mehr Gemüsebrühe zugießen.

Kleine Zucchinikunde

Zucca, Zucchetti, Zucchino und Co
Cucurbita pepo var. giromontiina. Schon der hochoffizielle botanische Name der Zucchini zergeht zartschmelzend auf der Zunge. Da kommt das Blut eines jeden botanisch ambitionierten Feinschmeckers in Wallung. Diese Kürbisvarietät mit Früchten, optisch nicht unähnlich der Gurke, ist in England und Frankreich als *Courgette* bekannt, in Spanien heißt sie *Calabacita*. In der Schweiz nennt man unsere Lieblingsfrucht *Zucchetti* und in Deutschland *Zucchini*. Die beiden letzteren Bezeichnungen kommen aus dem Italienischen und sind Verkleinerungsformen von *zucca* (Kürbis). Genau genommen heißt der Singular *Zucchino* während *Zucchini* die italienische Pluralform ist. Doch wer will schon erbsenzählerisch sein? Wir finden die im Deutschen gebräuchlichen Wörter *Zucchini* (Singular) und *Zucchinis* (Doppelmoppelplural) sehr charmant.

Weit gereiste Feministin
Die Zucchini ist eine Spielart des Gartenkürbis und der wiederum stammt eigentlich aus Nordamerika. Man vermutet den texanischen Wildkürbis, *Cucurbita texana*, als Ursprungsart. Wie die Zucchini nun genau nach Europa kam, ist nicht vollends gesichert, und warum sie ausgerechnet in Italien eine derart steile Karriere hingelegt hat, dass sie zum elementaren Bestandteil der mediterranen Küche avancierte – darüber können wir nur spekulieren.

Unsere Freude über die Existenz dieses erlesenen Gewächses in den hiesigen Breitengraden ist jedenfalls enorm, und in den 70er-Jahren eroberte die Zucchini als Exportschlager und Mitbringsel von Urlauben an der Adria endlich die Gefilde nördlich der Alpen, so auch Deutschland.

Die Zucchini ist nicht zuletzt unser Liebling, weil sie ob der folgenden Besonderheit recht emanzipiert daherkommt: Sie ist ein sogenanntes einhäusiges Gewächs. Das bedeutet: Sowohl männliche als auch weibliche Blüten befinden sich an ein und derselben Pflanze und existieren dort friedlich und gemeinschaftlich in schönster Harmonie – Hut ab!

Wie sind sie voneinander zu unterscheiden, wo sie doch beide in leuchtendem Gelb blühen? Das ist schnell erklärt: Während weibliche Blüten aus den Blütenblättern, einem Stängel und dazwischen einem Fruchtknoten bestehen, sind männliche Zucchiniblüten „untenrum frei", will heißen: Sie bestehen nur aus Blütenblättern und Stängel, besitzen aber keinen Fruchtknoten – das wichtigste Detail, denn daraus erwächst, Bestäubung und Befruchtung vorausgesetzt, später die Zucchinifrucht. Oft ist der Stiel der Herren länger und die herrliche Blütenpracht somit aus dem Blattwerk herausragender, während die Damen sich eher bedeckt an kürzerem Stiel in der Nähe des Pflanzenstrunks aufhalten und gewissermaßen im Hintergrund die Fäden in der Hand halten.

Achtung, Achtung, Sicherheitshinweis

… denn Sie liegen uns am Herzen. Sollten Sie einmal eine Zucchini haben, die bitter schmeckt, ist erhöhte Vorsicht geboten. Bitte verzehren Sie diese nicht! Besagte Bitterkeit wird durch Cucurbitacine (Bitterstoffe) hervorgerufen. Diese Bitterstoffe sind extrem giftig und führen schon in kleinsten Mengen zu Übelkeit, Erbrechen und Durchfall bis hin zu lebensbedrohlichen Darmschäden. Machen Sie am besten vor Verarbeitung eine Kostprobe an der Spitze der Zucchini (dort, wo ehemals die Blütenblätter saßen). Falls diese etwas bitter schmeckt, spucken Sie die Probe bitte aus. Diese Frucht darf nicht verwendet werden, denn die Giftstoffe werden durch Kochen nicht zerstört.

Dass Zucchini einen bedrohlich hohen Anteil an Cucurbitacinen enthalten, ist zum Glück die Ausnahme. Die Ursachen sind verschiedenster Natur. Besonders anfällig sind Pflanzen, die aus unkontrolliertem, also selbstgewonnenem Saatgut gezogen wurden: Steht die Zucchinipflanze zum Beispiel in der Nähe von Zierkürbissen, die aufgrund ihres hohen Cucurbitacingehalts giftig sind, können ungewollte Kreuzungen bzw. Rückkreuzungen entstehen, die zu besagter Giftigkeit führen. Um jegliche Gefahr zu vermeiden, lautet daher unsere dringende Empfehlung: Greifen Sie bei der Zucchinizucht bitte auf kontrollierten, also gekauften Samen (oder unsere beigelegte Lieblingssorte) zurück und pflanzen Sie Ihre Zucchini nicht in Gesellschaft von Zierkürbissen.

Systematik

Ordnung:
Kürbisartige (*Cucurbitales*)
Familie:
Kürbisgewächse (*Cucurbitaceae*)
Gattung:
Kürbisse (*Cucurbita*)
Art:
Gartenkürbis (*Cucurbita pepo*)
Unterart:
Cucurbita pepo subsp. *pepo* Zucchini

Päckchen flechten

Pro Päckchen werden 4 Zucchinistreifen benötigt. Der erste Streifen wird längs auf die Arbeitsfläche gelegt, der zweite wird quer darübergelegt, etwas oberhalb der Mitte, leicht nach rechts verschoben. Der dritte Streifen wird parallel rechts neben den ersten Streifen über den zweiten gelegt. Der vierte Streifen wird unterhalb des zweiten Streifens parallel zu diesem gelegt und liegt jetzt auf dem ersten und dritten Streifen. Das linke Ende des vierten Streifens wird nun unter den ersten geschoben.
In der Mitte der zusammengelegten Streifen ist jetzt ein korbähnliches Kreuz entstanden, dieses wird später die Oberseite des Päckchens (siehe Foto oben). Das Kreuz sollte mittig der Streifen entstehen und die Enden der Streifen sollten ungefähr gleich lang sein. Dieses vorgeflochtene Päckchen wird jetzt in Punkt 5. befüllt.

Zucchini-Ricotta-Päckchen auf Tomatenbett

Ähnlich wie das Hantieren mit Lockenwicklern erfordert auch das Ricotta-Päckchen-Packen Fingerspitzengefühl, Hingabe und eine ordentliche Portion Liebe. Hat man erst einmal den Dreh raus, geht alles viel leichter von der Hand und es entsteht nicht nur eine optisch, sondern auch geschmacklich äußerst extravagante und ansprechende Vorspeise. Unsere unbedingte Empfehlung!

1. Für die Füllung Knoblauchzehe schälen und fein hacken. Basilikum abbrausen, trocken schütteln und die Blättchen fein hacken. Alle Zutaten für die Füllung in einer Schüssel vermengen.
2. Zucchini waschen und putzen. Mit einem Sparschäler längs in feine Streifen schneiden. Dafür an einer Seite beginnen, 3–4 Scheiben schneiden, die Zucchini um 90 Grad drehen, dann wieder 3–4 Streifen schneiden. So weiter verfahren, bis der innere Kern zu klein ist, um weitere Streifen zu schneiden.
3. Den Backofen auf 180 °C Umluft vorheizen und eine Auflaufform mit Öl bestreichen. Tomaten waschen und in die Form legen, mit etwas Öl beträufeln, mit Salz und Pfeffer würzen und beiseitestellen.
4. Jetzt werden die Päckchen geflochten, das erfordert etwas Fingerspitzengefühl (Anleitung s. Kasten links).
5. Eine teelöffelgroße Menge Füllung in der Mitte des vorgefalteten Päckchens platzieren. Das obere Ende des ersten Streifens wird nun auf die Füllung geklappt, dann nacheinander das rechte Ende des zweiten Streifens, das untere Ende des dritten Streifens und das linke Ende des vierten Streifens ebenfalls zur Mitte klappen. In der nächsten Runde das obere Ende des dritten Streifens, und im Uhrzeigersinn die restlichen Streifen zu klappen. Mit dem Daumen die oberen Enden festhalten, mit den Fingern unter das Päckchen greifen, dieses umdrehen und auf einen Teller legen. Die weiteren Päckchen ebenso flechten.
6. Die Tomaten 5 Minuten im heißen Ofen schmoren lassen. Die Auflaufform kurz aus dem Ofen holen, dann die Zucchini-Päckchen auf das Tomatenbett legen, mit Parmesan bestreuen und mit Öl besprenkeln. Weitere 15 Minuten mitbacken und dann auf Tellern servieren.

ZUTATEN

Für 4 Personen

Für die Füllung:

1 Knoblauchzehe
5 Stängel Basilikum
250 g Ricotta
100 g geriebener Parmesan
1 Ei
Salz
Pfeffer

Für die Päckchen:

4 mittelgroße Zucchini
4 EL Olivenöl + etwas zum Besprenkeln
250 g bunte Cocktailtomaten
Salz
Pfeffer
Parmesan zum Bestreuen

„Huch, was ist denn das für eine Frucht?"

Ein kleines Erlebnis am Essenstisch erheitert uns seit Jahren: Schnittchen Schnittker spielte seit einigen Monaten quietschvergnügt in der Drei-Damen-Kapelle Trompete und alles, was man ihr sonst noch in die Hände drückte. Sie war schon eine richtige Profi-Zucchini geworden – dachten Tina und Jule zumindest.

Zur Stärkung während einer Probe hatte Jule zur Mittagspause ein einfaches Ratatouille mit Pasta zubereitet. Während des Speisens unterhielt man sich über dies und das, die neuen Lieder, chromatische Tonleitern und andere Gymnastikübungen; bis Schnittchen plötzlich mit dem Ausdruck vollster Verwunderung ausrief: „Huch, was ist denn das für eine Frucht?" Auf ihrer Gabel steckte ein gelber Halbmond, den sie interessiert beäugte, da er gar nicht nach Zitrone schmeckte, aber optisch so anmutete. Die beiden anderen Zucchinetten konnten nicht lange die Contenance wahren und prusteten los ... Schnittchen hatte doch tatsächlich noch nie zuvor gelbe Zucchini gegessen!

Zucchini-Himbeer-Eis mit Cashewsplittern

Eis! Die Zucchini Sistaz lieben Eiscreme in all ihren Varianten und wenn die Temperaturen sommerlich ansteigen, gibt es nichts Besseres, um einen kühlen Kopf zu bewahren! Man munkelt: Sogar die ein oder andere hitzige Probe konnte nur mit gehörigem Eiskonsum wieder auf Normaltemperatur heruntergekühlt werden. Auch akute Überhitzung durch wildes Swingtanzen kann erwiesenermaßen mittels exzessivem Eisverzehrs behandelt werden. Mit unserer cremigen Kreation können Sie getrost eine kesse Sohle aufs Parkett legen.

ZUTATEN

Für 4 Personen

400 g Zucchini
6 Datteln
400 ml Kokosmilch
300 g Himbeeren (frisch oder tiefgekühlt)
ca. 40 g Agavendicksaft nach Belieben mehr
ca. 20 g Johannisbrotkernmehl
Saft von 1 Orange nach Belieben

Für das Topping:
Cashewkerne

Außerdem:
Eismaschine

1. Die Zucchini waschen, putzen, halbieren und mit einem Löffel entkernen. Dann in grobe Stücke teilen und in eine hohe Schüssel oder einen Standmixer füllen.
2. Die Datteln entkernen, klein schneiden und zugeben. Kokosmilch, Himbeeren, Agavendicksaft, Johannisbrotkernmehl und nach Belieben Orangensaft zugeben und alles pürieren. (Falls die Masse zu flüssig ist, mit etwas mehr Johannisbrotkernmehl binden.)
3. Die Masse in die Eismaschine füllen und 40–50 Minuten gefrieren lassen.
4. Die Cashewkerne hacken und das Eis mit den Nusssplittern zum Beispiel in ausgehöhlten Zucchini servieren.

Tipp

Himmlisch schmeckt auch Zucchini-Mango-Eis. Anstatt der Himbeeren frische Mango würfeln, den Großteil davon mit den restlichen Zutaten pürieren. Einige Fruchtwürfel zurückhalten und zum Schluss unterheben.

Hauptspeisen

Sehr verehrte Damen und Herren, mit Stolz präsentieren wir Ihnen den Star des heutigen Kochgelages. Weit gereist und von den Tellern, die die Welt bedeuten, nicht mehr wegzudenken. Ob als Zoodle, aus dem Ofen oder bei ihrem Überraschungsauftritt zusammen mit den legendären Kartoffelknödeln – mit ihr wird jedes Gericht zum Geschmacks-Hit. Wir bitten um einen großen Applaus für die Zucchini!

Zucchini-Ofengemüse mit grünem Spargel und Austernpilzen

Ofengerichte haben eine lange Tradition in der Bandgeschichte der Zucchini Sistaz. Denn die stundenlangen Proben fordern irgendwann ihren Tribut und die Kapelle muss verpflegt werden. Da die Gemüse-Damen gerne und regelmäßig in der Küche proben, wird zwischendurch auch zum Messer statt in die Saiten gegriffen, und während sich das Ofengemüse quasi von selbst kocht, wird mit Vorfreude auf die bevorstehende Mahlzeit umso emsiger an den musikalischen Kompositionen getüftelt.

ZUTATEN

Für 4 Personen

1 gelbe Zucchini
1 grüne Zucchini
200 g Austernpilze
500 g grüner Spargel
1 Knoblauchzehe
2 EL Olivenöl
Salz
Pfeffer

1. Den Backofen auf 200 °C Umluft vorheizen und ein Backblech mit Backpapier auslegen.
2. Die Zucchini waschen, putzen und je nach Größe in 3–4 Millimeter breite Scheiben oder Halbmonde schneiden. Die Austernpilze vorsichtig putzen und in größere Stücke zupfen. (Die Stücke sollten nicht zu klein sein, sonst verbrennen sie im Ofen schnell.) Den grünen Spargel waschen, putzen und die Stangen halbieren.
3. Den Knoblauch schälen und im Mörser zerstoßen. Öl, Knoblauch, Salz und Pfeffer in einer großen Schüssel zu einer Marinade verrühren und das Gemüse damit vermengen. Bis auf den grünen Spargel alles gleichmäßig auf dem Blech verteilen und 5–6 Minuten im heißen Ofen backen. Dann den Spargel zugeben und das Ofengemüse in 10–15 Minuten fertig backen, je nach gewünschtem Bräunungsgrad.

Tipp

Sehr gut passt dazu der Zucchini-Minz-Dip (siehe Seite 67), statt der Minze schmeckt auch Dill großartig.

Wie die Zucchini Sistaz zu ihrem Namen kamen
Der Name unseres gemüsikalischen Trios entstand beim Proben und Kochen! Zur Zeit der Bandgründung war die Zucchini-Schwemme nämlich nicht zu stoppen und es gab tagelang grüne Küche ... Unter anderem dieses leckere Ofengemüse.

Zoodles mit Zitronen-Erbsen-Soße

In aller Munde: Zoodles sind eine aufregende Art der schmackhaften Zucchinizubereitung. Vorzugsweise mit einem anspitzerähnlichen Schneidegerät werden im Handumdrehen leckere Gemüse-Spaghetti gezaubert. Diese schmecken mit jeder Nudelsoße fantastisch – aber Zoodles mit Zitronen-Erbsen-Soße sind unser absoluter Favorit. Ein feines Gericht für sonnige Gemüter!

1. Die Zitrone heiß abwaschen, die Schale abreiben und die Zitrone dann auspressen. Die Zucchini waschen, putzen und mit einem Spiral- oder Julienneschneider zu Zoodles verarbeiten. Den Basilikum abbrausen, trocken schütteln und die Blättchen fein hacken.
2. Die Spaghetti in reichlich Salzwasser nach Packungsanleitung al dente kochen.
3. In der Zwischenzeit den Frischkäse in einer Pfanne bei schwacher Hitze erwärmen. Zitronenabrieb und -saft zugeben und den Parmesan unterrühren. Den Basilikum zugeben, kurz umrühren, dann 3 EL von dem Kochwasser zugeben, sodass die Soße schön cremig wird. Mit Pfeffer abschmecken.
4. Die Nudeln abgießen und dabei in einem Topf ca. 400 ml Kochwasser auffangen. Die Erbsen in diesem Wasser ca. 1 Minute blanchieren, dann abgießen. Dabei das Wasser wieder auffangen und die Zoodles darin 30 Sekunden blanchieren.
5. Spaghetti und Zoodles mit der Soße mischen und mit den Erbsen bestreut servieren.

ZUTATEN

Für 4 Personen

1 Bio-Zitrone
3 eher kleine Zucchini
1 Handvoll Basilikum
350 g Spaghetti
Salz
300 g Doppelrahmfrischkäse
100 g geriebener Parmesan
Pfeffer
5 EL Erbsen (frisch oder tiefgekühlt)
Pfeffer

Das Geheimnis der Zitrone

Wenn Sie Sommer auf dem Teller haben möchten, ist die Zitrone mit dem feinen ätherischen Aroma ihrer Schale, aber auch mit ihrem sauren Saft eine Allzweckwaffe. Vor allem Zitronensaft nimmt nahezu jedem Gericht „das Muffige" und verleiht frenetische Frische. Pasta, Blumenkohl, Kichererbsen, Linsen, Cremes – alles erhält mit der Zitrone eine erquickliche Abrundung. Auch Salatdressings mit Zitronensaft anstelle von Balsamico sind eine leichte, spritzige Alternative zum klassischen Essig-Öl-Dressing.

Das richtige Schneidewerkzeug

Die mannigfachen Zubereitungsmöglichkeiten der Zucchini sind mit den richtigen Schneidetechniken immens zu vergrößern. Hier lohnt es sich – auch in einer puristisch gehaltenen Küche – über die Anschaffung der folgenden Gerätschaften nachzudenken:

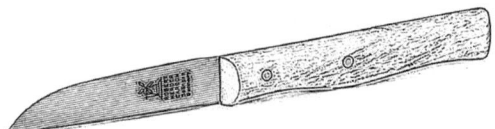

Hümmelken

Ein Hümmelken, wie man in Westfalen ein kleines Schälmesser nennt, ist selbstredend in jeder Küche zu finden. Haben Sie sich schon einmal bewusst gemacht, was für eine wahre Wunderwaffe diese kleine Klinge ist? So ein Messerchen ist ein treuer und langjähriger Begleiter bei jeglichem Küchenexperiment und sollte stets in Ehren gehalten werden. Wir bevorzugen Gerätschaften aus Solinger Stahl mit einem Holzgriff.

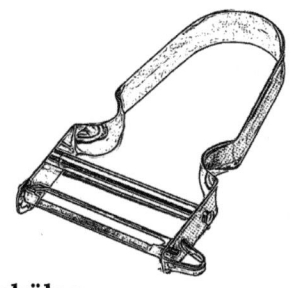

Sparschäler

Einen Sparschäler nutzen wir nicht nur zum Schälen, sondern auch um feine längliche Zucchinistreifen zu schneiden. Diese sind wunderbar für Nudelgerichte mit breiten Tagliatelle oder anderer Pasta und auch zum Falten kleiner Zucchini-Ricotta-Päckchen (siehe Seite 25) geeignet.

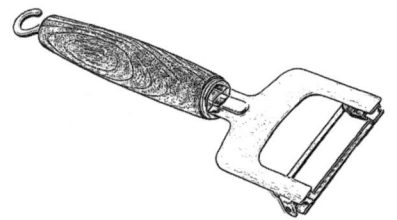

Julienneschneider

Für die ganz feine Küche natürlich das I-Tüpfelchen. Manche Mandolinen und Spiralschneider für Zoodles schaffen allerdings ähnliche Formate (siehe rechts).

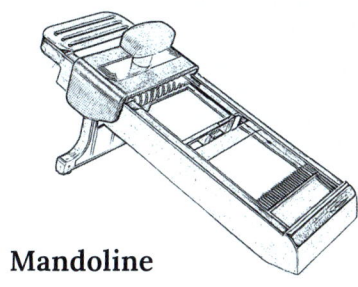

Mandoline

Eine Mandoline ist nicht nur ein stimmungsvolles Musikinstrument, unter gleicher Begrifflichkeit spricht man auch von der Königsklasse der Schneidegeräte, dem verstellbaren Gemüsehobel. Feiner wird es nicht! Natürlich kann man sich auch Zen-artig mit dem Hümmelken an feinen Scheibchen versuchen – Erleuchtung garantiert – aber im Alltag hat sich die Mandoline bestens bewährt. So können mit Leichtigkeit fantastische Scheiben für Gratins und Aufläufe, Zucchini-Rosen (siehe Seite 56) und mehr gezaubert werden. Häufig lassen sich mit solchen Hobeln auch Juliennestreifen schneiden.

Spiralschneider für Zoodles

Dieser gigantisch anmutende Gemüseanspitzer ist unserer Ansicht nach keine schnelllebige Küchenmodeerscheinung, sondern eine echte Bereicherung. Gemüsespaghetti schmecken einmalig und lassen sich blanchieren, schmoren, backen und und und …

Reibe

Eine Reibe mit einer groben und einer feinen Reibefläche (z. B. Vierkantreibe) bringt weiteren Variantenreichtum in die Zucchini-Küche. Scharf sollte sie sein! Geraspelte Zucchini können wunderbar roh auf Salate gegeben werden oder kurz vor Fertigstellung einer Soße ein, zwei Minütchen mitgegart werden – weiter eignet sich das Geraspelte für Gebäck, Bratlinge und Puffer jeglicher Art.

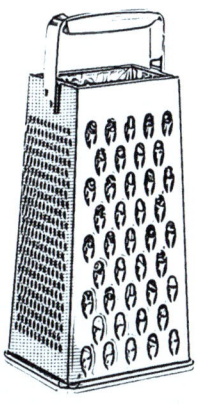

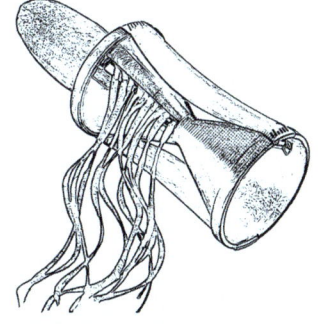

Als die Zucchini noch ein Exot war

Ein Gastbeitrag von Verena Lugert

Ich kann mich noch gut daran erinnern, an den Sommer, in dem die riesenhaften, grünweißen Torpedos bei uns aufgetaucht sind. Sie lagen auf unserer Terrasse. Im Gras. In der Küche. So viele! So groß! Zucchini! Oder: Zucchinis, wie wir damals sagten. Meine Tanten hatten Samen dieser seltsamen neuen Kürbisfrüchte bekommen, die keiner kannte. Diese eingepflanzt und auch verschenkt, an meine Mutter, an meine Oma.

Man hatte eifrig gesät und sah nun den Kürbisfrüchten fasziniert beim Wachsen zu, dieser Sommer war heiß und feucht. Sie wuchsen und wuchsen. Groß und mächtig lagen die Zucchini nun in den Beeten, wie Robben, die sich auf Felsen sonnten. Eine Schale hatten wie Dinosaurierhaut. Schließlich fasste sich meine Mutter ein Herz und erntete die erste Zucchini. Ich weiß noch, wie sie auf unserem Küchentisch lag, wir Kinder sie anstarrten wie ein Marsgemüse und meine Mutter sie ratlos mit einem großen Messer in Scheiben zersägte. Diese würfelte. In einer Pfanne Rama-Margarine erhitzte und diese Würfel darin – nicht briet. Sondern dünstete, es waren die 80er-Jahre, es gab noch kein Internet und in den Kochbüchern fand man das neue Gemüse noch nicht. Beim Essen schwiegen wir alle, außer unserem Vater mochte die transluzenten, gallertartigen Würfel mit der harten Haut niemand. Doch es waren so viele da!

> **Verena Lugert**
>
> Die renommierte und weltenbummlerische Journalistin aus Augsburg blickte tief in Londons Kochtöpfe: Sie lernte an der legendären Kochschule „Le Cordon Bleu" und brutzelte für Sternekoch Gordon Ramsay. Ihre feingeistigen und humorvollen Betrachtungen über das Leben in der Haute Cuisine veröffentlichte unsere liebe Freundin Verena u.a. in dem äußerst lesenswerten Buch „Die Irren mit dem Messer".

Wir verschenkten sie, legten sie vor das Gartentor, mit einem Schild „Zum Mitnehmen!" darauf. Wir saßen zu sechst mit Schneidbrettchen und Messer um den Küchentisch, unsere Mutter schnitt sie mit der elektrischen Brotschneidemaschine in Scheiben, so hart war die Schale der Zucchini inzwischen, wir Kinder würfelten im Akkord und füllten Plastikbeutel um Plastikbeutel, wir froren die Mengen ein, kauften eine dritte Gefriertruhe, den ganzen Winter aß mein Vater täglich fast einen Beutel dieser schwammartigen Kissen mit dem harten Rand, in Rama gedünstet. Wir Kinder rührten das Gemüse nicht an. Und in den Sommern darauf folgte dasselbe Spiel: Zucchini, groß wie Monumente. Brotmaschine. Akkordwürfeln.

Bis ich dann zum ersten Mal in Italien war. Mir als Antipasti Zucchini kredenzt wurden. Ich wollte nicht, ich hasste Zucchini, doch schon stand er vor mir, der Teller: junge, hellgrüne Zucchini, in feine Scheiben geschnitten, angebraten mit Knoblauch in Olivenöl, mit einem Schuss Balsamico und frischer Petersilie gewürzt. Um mich war es geschehen. Und mir dämmerte: dass es bei den Zucchini ein bisschen so ist wie mit allem im Leben: Es kommt weniger darauf an, was man hat, sondern was und wie man etwas daraus macht. Jahre später wurde ich Köchin.

Gefüllte Zucchini-Fächerkartoffeln

Haben wir schon erwähnt, wie sehr wir Kartoffeln lieben? Wären wir nicht die Zucchini Sistaz, hießen wir wohl Kartoffel-Kinder. „Kartoffeln à la Hasselbacken" wurden in den 50er-Jahren in Schweden erfunden und sind eine tolle Beilage zu Ofengemüse. Sie schmecken auch super mit Schichtkäse (siehe Seite 52) oder Zucchini-Minz-Dip (siehe Seite 67).

1. Ein Backblech mit Backpapier auslegen und den Backofen auf 200 °C vorheizen.
2. Die Kartoffeln waschen und an der unteren Längsseite eine dünne Scheibe abschneiden, sodass die Kartoffeln eine gerade Auflagefläche erhalten. Zwei Kochlöffel rechts und links neben die Längsseiten der Kartoffeln legen und die Kartoffeln von oben mit einem scharfen Messer fein einschneiden. (Die Kochlöffel verhindern, dass man aus Versehen die Kartoffel durchschneidet.) Die Enden (ca. 1,5 cm breit) nicht einschneiden.
3. Das Olivenöl in einer kleinen Schüssel mit Salz und Pfeffer verrühren. Mit einem Pinsel das Öl in den Schnittflächen und auf den Außenseiten der Kartoffeln auftragen. Die Fächerkartoffeln auf das Blech legen und im heißen Ofen ca. 30 Minuten vorbacken.
4. In der Zwischenzeit die Zucchini waschen, putzen und in sehr feine Halbmonde schneiden. Die Kartoffeln herausholen, mit den Zucchinischeiben füllen und mit Parmesan bestreuen. Weitere 10–20 Minuten im heißen Ofen backen.
5. Die Kartoffeln mit den Sprossen oder der vom Beet geschnittenen Kresse bestreuen und servieren.

ZUTATEN

Für 4 Personen

4 dicke Kartoffeln
2 EL Olivenöl
Salz
Pfeffer
1 Zucchini
4 EL geriebener Parmesan
1 Handvoll Rucolasprossen oder 1 Beet Kresse

Kartoffelklöße mit Zucchini-Überraschung

Samtig-weich trifft bissfest: Es muss nicht überall Zucchini draufstehen, wo Zucchini drin ist. Diesen zarten Klößen sieht man ihr grünes Geheimnis von außen gar nicht an und im Duett mit der Pastinaken-Pilz-Soße sind sie das perfekte Sonntagsessen. Der Aufwand lohnt sich, Ihre Gäste werden begeistert sein! Denn: Ein Klößchen in Ehren kann keiner verwehren …

ZUTATEN

Für 4 Personen

Für die Kloßmasse (ca. 10 Klöße):
1 kg mehligkochende Kartoffeln
Salz
2 Eigelb
ca. 60 g Kichererbsenmehl + etwas zum Verarbeiten
ca. 40 g zerlassene Butter
Muskatnuss

Für die Füllung:
250 g Zucchini
2 Zwiebeln
1 EL Rapsöl mit Buttergeschmack
Salz
Pfeffer
3 EL gemahlene Mandeln
evtl. 1–2 EL Kichererbsenmehl

1. Für die Klöße die Kartoffeln schälen, würfeln und in Salzwasser kochen. Wenn sie gar sind, Wasser abgießen und die Kartoffeln zum Abdampfen auf die ausgeschaltete Herdplatte stellen. Topf zwischendurch schwenken. Wenn die Kartoffeln trocken sind, vom Herd nehmen und durch eine Kartoffelpresse in eine Schüssel geben. (Alternativ mit einem Kartoffelstampfer in der Schüssel zerkleinern.)

2. Für die Füllung Zucchini waschen, putzen, halbieren, mit einem Löffel entkernen und in 4 x 4 mm kleine Würfel schneiden. Zwiebeln schälen und ebenfalls fein würfeln. Öl in einer Pfanne erhitzen und die Zwiebeln darin andünsten. Zucchiniwürfel zugeben und andünsten, bis sie bissfest sind. Mit Salz und Pfeffer würzen, dann die Mandeln unterheben. Die Pfanne vom Herd nehmen und abkühlen lassen. (Falls die Zucchinimasse noch zu weich sein sollte, mit Kichererbsenmehl oder gemahlenen Mandeln andicken.)

3. Zur Kartoffelmasse Eigelbe, Kichererbsenmehl und zerlassene Butter geben. Mit Salz und Muskatnuss würzen und gut vermengen. Die Arbeitsplatte mit Kichererbsenmehl bestäuben und die Kartoffelteigmasse zu einer Rolle formen. Die Kartoffelrolle in zehn Scheiben schneiden. Eine Scheibe nehmen und auf der bemehlten Fläche flach drücken. Mit einem Eisportionierer oder Esslöffel Zucchinimasse entnehmen, festdrücken und auf die flach gedrückte Kartoffelteigscheibe setzen. Den Kartoffelteig darumlegen und festdrücken. Einen Kloß zur Probe in einen Topf mit heißem Salzwasser geben und ziehen lassen, bis er von selbst aufsteigt. (Sollte die Konsistenz noch nicht richtig sein, etwas Kichererbsenmehl zur Kartoffelmasse geben.) Die restlichen Klöße ebenso formen und im heißen Wasser ziehen lassen, bis sie fertig sind. (Achtung, das Wasser sollte nicht kochen, da die Klöße sonst zerfallen.)

4. Die gefüllten Kartoffelklöße mit dem Pastinaken-Pilz-Sößchen (siehe Kasten) servieren.

Pastinaken-Pilz-Soße

Backofen auf 200 °C vorheizen. **2 Pastinaken** putzen, schälen und in eine feuerfeste Form legen. **3 Zwiebeln** und **2 Knoblauchzehen** schälen. Eine Knoblauchzehe fein hacken, mit **1 EL Olivenöl** vermischen und Pastinaken damit bestreichen. Mit **grobem Salz** bestreuen und Pastinaken mit Deckel ca. 20 Minuten im Ofen garen. **300 g gemischte Pilze** mit Küchentuch säubern, Stiele kürzen und Pilze in mundgerechte Stücke zupfen oder schneiden. Zwiebeln und zweite Knoblauchzehe fein würfeln und in **1 EL Rapsöl mit Buttergeschmack** anbraten. Pilze zugeben und mitbraten. Wenn sie noch bissfest sind, mit **1 ½ EL Condimento Bianco** ablöschen und kurz köcheln lassen. Pastinaken aus dem Ofen nehmen und in grobe Stücke schneiden. Pilze und Zwiebeln aus der Pfanne nehmen, **200 ml Sahne**, 1–2 TL Kurkuma, etwas **Abrieb einer Tonkabohne**, 1–2 Prisen scharfes Paprikapulver, **Salz** und **Pfeffer** in die Pfanne geben, kurz erhitzen. Die Sahne-Gewürz-Mischung mit den Pastinakenstücken pürieren. **40 g kalte Butter** zugeben und weiterpürieren. Pilze, Zwiebeln und pürierte Mischung zurück in die Pfanne geben und zu einer Soße verrühren.

Das Garten-Einmaleins

Egal ob in einem kleinen urbanen Balkonkübel, im mondänen Schlosspark oder im Schrebergarten: Die Zucchinipflanze ist eine Freude für Gärtner jeglicher Couleur. Neben der klassischen, länglich-grünlichen Sorte gibt es noch wunderschöne Spielarten gelber, runder und gestreifter Früchte. Die Zucchini Sistaz plaudern an dieser Stelle aus dem Nähkästchen oder vielmehr aus dem Gemüsebeet und verraten ihre Tipps und Tricks in Sachen Zucchinizucht.

1. Samen besorgen

ganzjährig möglich

Wenn Ihnen die kleine Samenbeilage in diesem Buch nicht ausreicht: Es gibt viele weitere Sorten zu entdecken, gerne in Bioqualität. Eine Recherche im Fachhandel lohnt sich.

Der Favorit im Hause Zucchini ist eine alte Traditionssorte und trägt den verheißungsvollen Namen Cocozelle von Tripolis. Sie glänzt mit üppig elegantem Wuchs, gediegener Robustheit, hohem Ertrag und dunkelgrünen, länglichen Früchten mit silbrigen Streifen als optisches Highlight. Ein Hingucker auf ganzer Linie: im Beet und auf dem Teller.

2. Keimlinge vorziehen

Mitte/Ende April–Mitte Mai

Man nehme Blumentöpfe (5–10 cm Durchmesser, nicht zu klein, denn die Zucchini wächst schnell) und befülle sie locker mit Anzuchterde. Mit dem Finger ein Loch, ca. 3 cm tief, vorbohren. Nun sanft das Zucchinisamenkorn hineingleiten lassen, liebevoll mit Erde bedecken und vorsichtig angießen. Ab auf die helle Fensterbank und bei Raumtemperatur gleichmäßig feucht halten.

Tipp für Ungeduldige: Stülpt man ein Einmachglas über den Topf, hat man sich herrlich unkompliziert ein Minigewächs gezaubert, das Luftfeuchtigkeit und Temperatur erhöht und so den Prozess des Keimens fördert. Nach 6–14

Aufgepasst!
Eine Zucchinipflanze trägt viele Früchte, ab Mitte Juli kann es zu einer üppigen Zucchini-Schwemme kommen. Deshalb wappnen Sie sich und Ihren Küchenchef besser vorab mit diesem Rezepte-Almanach.

Tagen zeigen sich die ersten Keimblätter und das Glas darf abgenommen werden.

Der beste Zeitpunkt für die Vorzucht auf der Fensterbank ist Mitte/Ende April. Falls Sie einmal spät dran sind, können Sie die Samenkörner vor der Aussaat eine Nacht lang in handwarmem Wasser vorquellen lassen. Das beschleunigt die Keimung. Und sollten Sie in Ihrem Haushalt keine passenden Töpfe zur Hand haben, können Sie sich ganz leicht aus altem Zeitungspapier welche zurechtfummeln. (Siehe Anleitung auf der rechten Seite.)

Ihre Pflänzchen wachsen und gedeihen prächtig und an sonnigen Tagen dürfen Sie gerne gemeinsam einen Ausflug ins Freie unternehmen. Das dient der Abhärtung und Stärkung der Pflanzen und sorgt für eine tiefe emotionale Bindung zwischen Gewächs und Gärtner, was sich wiederum positiv auf Ertrag und Geschmack auswirkt.

3. Tag der Zucchini feiern
7. Mai

Am 7. Mai ist der Tag der Zucchini. Im Jahreszyklus der Feierlichkeiten ein Höhepunkt für uns! Der *Giorno dello Zucchetto* ist ein uralter Brauch aus Italien. Man munkelt, er stamme bereits aus dem 17. Jahrhundert. Die Italiener hatten halt schon immer guten Geschmack und einen feinen Gaumen, kein Wunder also, dass sie unserem Lieblingsgemüse einen besonderen Tag gewidmet haben. Man vollzieht dort an besagtem Datum die Freilandaussaat der Zucchini. Die Zeremonie der Aussaat folgt einem strengen

Zucchini auf Balkon oder Dachterrasse
Sie verfügen nicht über ein geeignetes Gartenareal? Kein Problem, die Zucchini ist längst keine Landpomeranze mehr, sondern gedeiht auch bestens im mondänen Kübel auf urbanen Dachterrassen und Balkonen. Dort versprüht sie angesagtes Selbstversorger-Flair. Bei stark begrenztem Platzangebot kommt sie mit einer Kübelgröße von 15 Litern Fassungsvermögen zurecht – Minimalismus liegt schließlich im Trend. Lieber sind ihr jedoch bis zu 40-Liter-Kübel. Sie freut sich über einen sonnigen, warmen Standort und gelegentliche Versorgung mit organischem und biologischem Dünger. Insbesondere bei Kübelhaltung ist auf eine gleichmäßige und reichliche Wasserversorgung zu achten.

von unten

Anzuchttöpfchen aus Zeitungspapier

Pro Töpfchen benötigt man eine halbe Seite Zeitungspapier. Diese der Länge nach knicken und um eine leere Flasche wickeln. Am Flaschenboden einige Zentimeter Papier überstehen lassen. Das überstehende Papier nach innen schlagen und das letzte Ende unter die entstehenden Laschen schieben. Jetzt noch einmal mit der Flasche fest andrücken und die Flasche herausnehmen. Fertig! Eventuelle Haltlosigkeiten können wie so vieles im Leben mit Haarnadeln fixiert werden.

Protokoll und unterliegt regionalen Unterschieden. In Deutschland gibt es keine konkreten Feiervorgaben. Entscheidend ist weniger wie, sondern vielmehr dass Sie feiern. Ihrer Fantasie sind keine Grenzen gesetzt!

4. Jungpflanzen ins Freiland setzen
ab Mitte Mai

Eine Woche nach den Eisheiligen, also sobald kein Frost mehr zu befürchten ist, darf das junge Gemüse aus der guten Kinderstube ausziehen, die Fensterbank verlassen und mit Wonne hinaus bzw. hinein ins erste eigene Beet. Bewährt haben sich 2er oder maximal 3er WGs in nährstoffreicher Erde und sonniger Lage. Der Abstand der einzelnen Pflanzen sollte nach jeder Seite hin mindestens einen halben Meter betragen – die Zucchini hat ein äußerst einnehmendes Wesen und weiß es sehr zu schätzen, wenn ihr genügend Raum zur freien Entfaltung all ihrer Pracht geboten wird. Sie dankt es mit anmutig buschigem Wuchs, hübschen Blüten und ausuferndem Ertrag.

Lockern Sie also den Boden und reichern Sie ihn vor der Pflanzung mit Nahrung für Ihre Schützlinge an – Zucchini sind Starkzehrer und vertragen sogar frischen Kompost oder Dung. Nehmen Sie die Pflänzchen vorsichtig aus den Töpfchen und setzten Sie sie in ihr neues Heim. (Bei den Papiertöpfchen reicht es aus, lediglich den Boden zu öffnen oder zu entfernen, der Rest verrottet von alleine. Wie praktisch!). Vorsichtig angießen und stolz sein.

Eine Alternative zum Vorziehen auf der Fensterbank ist die Direktaussaat ins Freie. Wir empfehlen dringend, besagten Pflanzabstand einzuhalten, sodass die Pflanzen nicht nachträglich versetzt werden müssen, sondern ungestört wachsen können. Größter Störenfried hinsichtlich ungestörten Wachsens ist übrigens – gerade bei Direktaussaat – unser glibschiger Gartenfreund, die Schnecke. Also Obacht: Eben erst gekeimte und stante pede zu Tode geknabberte Zucchinipflänzchen sind ein zutiefst trauriger Anblick und wenig erquicklich.

Ein Trick von Tinas Großmama kann das Leid unter Umständen lindern und den schlimmsten Schaden abwenden: Kaffeesatz als biologisch unbedenklicher Schneckenschreck! Legen Sie einen beherzten Schutzring aus Kaffeesatz um Ihre zarten Pflänzchen bzw. um die Aussaatstelle. Das hält Schnecken fern und die Zucchini freut sich doppelt: Schneckenschutz und Koffeinkick, sprich Dünger, in einem. Bravo! So soll es sein. Kaffeesatz enthält nämlich unter anderem Kalium, Phosphor und Stickstoff und ist somit ein gefundenes und äußerst willkommenes Fressen für die Zucchini, nicht jedoch für Schnecken und andere Schädlinge. Ergänzend zu dieser Schutzmaßnahme plädieren wir für gelegentliches Schnecken-Einsammeln und Außerhalb-des-Gartengebiets-in-freier-Wildbahn-Ausssetzen.

die fleißigen Bienchen nicht gerne – haben wir eine pikante Methode in petto, die unbedingt einen Versuch wert ist und Sie und Ihre Zucchini aus dieser misslichen Lage befreien kann. Legen Sie Hand an! Werden Sie aktiv und schreiten Sie beherzt zur Tat:

Pflücken Sie die schönste männliche Blüte (sie wird sich Ihnen ahnungslos und bereitwillig zu erkennen geben) und knöpfen Sie ihr sämtliche Blütenblätter ab. (Ja, so etwas tut man nicht gerne, Sie zögern zurecht, doch bedenken Sie: Es ist für den guten Zweck.) Bereiten Sie sich mental auf den nun folgenden Akt vor. Werden Sie zum pollentransferierenden Fleißbienchen! Streichen Sie mit den Staubfäden (also dem, was von den Herren noch übrig ist) sanft über die Narben der weiblichen Blüten. Durchaus mehrmals und

5. Gießen und besingen

regelmäßig

Pflanzen beim Wachsen zusehen zu dürfen ist ein Quell größter Freude! Hegen und pflegen Sie Ihre Zucchini mit Hingabe und Leidenschaft, sie werden es Ihnen danken. Besonders bei Kübelhaltung ist eine gleichmäßige und ausgiebige Wasserversorgung wichtig. Außerdem freut sich die Zucchini über gelegentliche Düngung sowie das eine oder andere Ständchen, denn mit Musik geht alles besser – das gilt auch fürs Gemüsebeet.

Sollte Ihr Zucchini-Exemplar zwar üppig blühen, die ersten Fruchtansätze jedoch auf sich warten lassen – was bisweilen in kühlen und nassen Sommern vorkommen kann, denn dann fliegen

> **Extra-Tipp**
> **Das „Strumpfband"**
> Huuuups, der Nylonstrumpf hat versehentlich eine Laufmasche? Quel Malheur! Aber halt: Nicht gleich in die Tonne kloppen! Der Strumpf eignet sich hervorragend, um im Garten wildes Gemüse zu bändigen und anzuleiten. Der Vorteil: Er ist im Vergleich zu Bast viel elastischer und schneidet die zarten Pflanzen nicht ein. Zerschneiden Sie das lädierte Beinkleid nach Bedarf und legen Sie das so entstandene Band am besten in einer liegenden Acht um Stab und Stängel, um diese zu fixieren. Diese Methode eignet sich auch hervorragend für Tomaten, Weinranken etc.

gezielt sowie mit sanftem Druck – und sichern Sie sich so eine glückliche Zucchiniernte. Als Bestäubungsmittel zum Zweck kann auch ein Pinsel zum Einsatz kommen. Im Hause Zucchini bevorzugt man jedoch erstere Variante.

Für beide Möglichkeiten gilt: Es handelt sich um ein Unterfangen besonders geeignet für gewisse Stunden. Sie sollten das florale Techtelmechtel arrangiert und vollzogen haben, ehe sich die Blüten wieder schließen, was zumeist um die Mittagszeit der Fall ist.

Alsbald nach erfolgreicher Befruchtung (Sie haben ja schließlich ihr Bestes gegeben!) schwellen die Fruchtknoten an, während die Blütenblätter der weiblichen, nun Früchte produzierenden Blüten zu welken beginnen. Diese welken Blütenblätter sollten vorsichtig entfernt werden, denn bei feuchter Witterung sind sie Haupteintrittspforten für Pilzerreger und andere ebenfalls weniger erwünschte Gesellen, die anschließend auf die jungen und unschuldigen Zucchini-Früchtchen übergreifen.

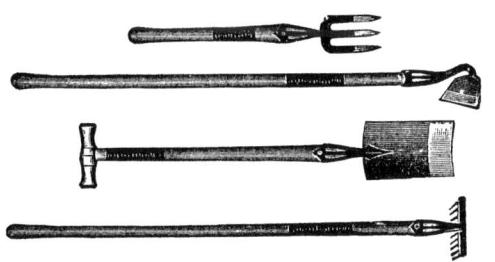

6. Ernten und kochen
häufig

Ab Ende Juni bis in den Herbst hinein (ganz konkret: bis zum ersten Frost, der selbst das schönste Zucchiniexemplar in sich zusammenfallen lässt) ist Erntezeit. Dabei gilt die Devise: Keine falsche Scheu! Häufiges Ernten frustriert die Zucchini keineswegs, im Gegenteil. Je öfter Sie ernten, desto mehr Exemplare wachsen nach. Schneiden Sie die Zucchini ganz zivilisiert samt einem Stück des Stielansatzes vorsichtig mit einem Messer ab. Die Frucht mittels brachialen Knickens oder wilden Drehens von der Pflanze zu trennen ist absolut tabu! Denn zu leicht könnten Sie die Pflanze verletzen und so die Produktivität beeinträchtigen.

Genießen Sie den Erntesegen und lassen Sie sich die Früchte Ihrer Arbeit schmecken. Geben Sie acht, dass sich keines Ihrer Früchtchen aus Versehen zur gefürchteten Zucchinikeule auswächst. Denn Sie wissen ja: Auf die Größe kommt es insofern an, als dass die kleinsten Exemplare am leckersten schmecken.

Zu groß geratene Zucchini können dekorativ und originell verwendet werden. Zum Beispiel ausgehöhlt als Schüssel für Salate und andere Köstlichkeiten – ein absoluter Blickfang auf jedem sommerlichen Buffet. Bei uns in der Zucchinizentrale betreibt Schnittchen Schnittker außerdem intensive Forschung, ob und wie sich am besten eine spielbare Flöte aus der fantastischen Frucht schnitzen lässt … der Durchbruch steht kurz bevor.

Zucchini-Pommes mit Schichtkäse

Pommes sind eine ganz fantastische Erfindung, da sind sich alle Zucchinetten einig. Diese feinwürzige Zucchini-Variante kommt leichtfüßig und in Kombination mit einem alten Familienrezept daher: Schichtkäse mit Leinöl. Diese frische Käse-Creme kam durch Jules Uroma in die Familie. Früher kaufte man Schichtkäse aus einer hölzernen Schublade beim Milchmann. Dann wurde er in Zeitungspapier eingeschlagen und zu Hause mit frischem Leinöl vermengt. Vollkommen zu Unrecht ist Schichtkäse beinahe in Vergessenheit geraten – mit diesem raffinierten Rezept ist er bereit, seine Renaissance zu erfahren!

ZUTATEN

Für 4 Personen

Für den Schichtkäse:
200 g Schichtkäse
2–3 EL frisches Leinöl
1–2 Prisen Salz

Für die Pommes:
1 EL Olivenöl
ca. 300 g Zucchini
1 Ei
Salz
grob gemahlener frischer Pfeffer
Chiliflocken nach Geschmack
40 g Panko (Paniermehl) oder gemahlene Mandeln
10 g gefriergetrocknete Zwiebeln
40 g gehobelter Parmesan (oder bei der Verwendung von Mandeln gerieben)

1. Den Schichtkäse, Leinöl und Salz in einer Schüssel vermischen. (Je mehr Leinöl zugegeben wird, desto goldiger wird die Farbe und desto intensiver der Geschmack.) Beiseitestellen.
2. Für die Pommes ein Backblech mit Backpapier auslegen und mit Öl bepinseln. Den Backofen auf 200 °C Umluft vorheizen. Die Zucchini waschen, putzen, halbieren und mit einem Löffel entkernen, dann längs in ca. 1 cm breite Streifen und quer in ca. 6 cm lange Stücke schneiden.
3. Das Ei in einem tiefen Teller mit einer Gabel schaumig schlagen und mit Salz, Pfeffer und Chili würzen. Auf einen zweiten tiefen Teller Panko, Zwiebeln und Parmesan geben, mit den Händen mischen und dabei größere Käsestücke zerkleinern. Die Zucchinistücke erst mit der Eimasse anfeuchten, dann in der Pankomischung wälzen und auf das Backblech legen.
4. Im heißen Ofen 15–20 Minuten backen. Die knusprigen Zucchini-Pommes mit dem Schichtkäse servieren.

Tipp

Wenn der Schichtkäse zusätzlich zum Leinöl mit feinen Frühlingszwiebelringen und Pfeffer abgeschmeckt wird, passt er auch einfach gut zu Pellkartoffeln – oder *Katüfken*, wie der Westfale sagt.

Zum Mitnehmen & Mitbringen

Warum sollte die Zucchini nur am heimischen Herd glänzen, wo sie doch so unendlich viel zu bieten hat? Der außerhäusige Verzehr der zarten Zutat ist unsererseits äußerst empfohlen, denn darauf hat die Welt gewartet! Reiselustig und kontaktfreudig mit Ingredienzen jeglicher Couleur lässt sich die Zucchini gern frischen Wind um die Nase wehen. Als überraschender Salat, formvollendete Blätterteigfüllung oder gar als saftiger Kuchen – mit der Zucchini im Gepäck auf Reisen oder als Mitbringsel zu jederlei Anlass liegen Sie immer goldrichtig.

Zucchini-Rosen

Eine Rose ist eine Rose ist eine Rose ist eine Zucchini. Nicht in Stein gemeißelt, sondern charmant zu Röschen gerollt sind unsere Zucchini-Blumen ein elegantes Mitbringsel für Einladungen aller Art, ob zum Tanztee oder zur Landpartie.

ZUTATEN

Für 10 Stück

- 1 Rolle Blätterteig (Kühlregal)
- 1 Zucchini (ca. 250 g, ⌀ 3,5 cm)
- 2–3 EL Aivar (scharf oder mittelscharf)
- Salz nach Belieben
- 100 g Crème fraîche mit Kräutern
- ca. 80 g geriebener Cheddar

Außerdem:
- Muffinform
- Garnierspritze

1. Die Blätterteigrolle ca. 10 Minuten vor der Verarbeitung aus dem Kühlschrank nehmen. Eine kleine ofenfeste Schüssel mit Wasser in den Backofen stellen und den Ofen auf 200 °C vorheizen.

2. Die Zucchini waschen, putzen und in feine Scheiben reiben oder mit einem Messer in dünne Scheiben schneiden. (Wenn die Scheiben zu dick sind, lassen sie sich nicht rollen, dann müssen sie zuvor in Wasser leicht gegart werden.) Den Blätterteig quer legen und in zehn ca. 4 cm breite Streifen schneiden. Die Streifen mit Aivar bestreichen. Das Aivar nach Belieben mit Salz abschmecken.

3. Die Zucchinischeiben fächerförmig auf einen Teigstreifen legen, sodass das untere Viertel frei bleibt (das dient später als Umschlag). Crème fraîche in die Garnierspritze geben und in feinen Streifen auf den unteren Teil des Zucchinifächers spritzen. Den Käse so darauf verteilen, dass der obere Teil der Zucchinischeiben frei bleibt. (Nicht zu viel Käse nehmen, sonst verkleben die Zucchinischeiben beim Backen.) Das untere Viertel hochklappen und den Teigstreifen von der Schmalseite her aufrollen, dann die Zucchini-Rose in die Muffinform stellen. Mit den weiteren neun Teigstreifen ebenso verfahren.

4. Die Zucchini-Rosen im heißen Ofen ca. 20 Minuten backen.

Zucchini-Glasnudelsalat mit Mango

Herzhaft, fruchtig, leichtfüßig – nein, wir sprechen nicht über die Musik der Zucchini Sistaz, sondern über diesen sommerlichen Asia-Salat. Perfekt für den Urlaub auf Balkonien, eine tropische Sommerfrische für den Gaumen!

1. Den Tofu in kleine Würfel schneiden und in der Sojasoße marinieren. Die Glasnudeln in reichlich Salzwasser nach Packungsanleitung gar kochen.
2. In der Zwischenzeit die Zucchini waschen, putzen, längs vierteln und in Scheiben schneiden. Die Zucchinischeiben in 3 EL Erdnussöl anbraten, mit Salz und Pfeffer abschmecken und beiseitestellen.
3. Die Tofuwürfel im restlichen Öl knusprig braten und etwas salzen. Die Mango schälen und das Fruchtfleisch würfeln. Die Kräuter abbrausen, trocken schütteln und hacken. Die Zwiebel schälen und in dünne Ringe schneiden. Glasnudeln, Zucchini, Tofu, Mango, Kräuter und Zwiebeln in eine große Schüssel geben.
4. Den Knoblauch schälen und die Chili von den Samen befreien und hacken. Alle Zutaten für das Dressing verrühren, dabei zum Schluss die Knoblauchzehe dazupressen. Das Dressing über den Salat geben, alles gut vermischen und 1 Stunde ziehen lassen.

ZUTATEN

Für 4 Personen

Für den Salat:

200 g Tofu
2 EL Sojasoße
200 g Glasnudeln
1 große oder 2 kleine Zucchini
5 EL Erdnussöl
Salz
Pfeffer
1 Mango
einige Stängel Thai-Basilikum
½ Bund Koriander
½ rote Zwiebel

Für das Dressing:

1 Knoblauchzehe
½ rote Chilischote
50 ml Reisessig
3 EL Agavendicksaft
½ TL Salz
1 TL geröstetes Sesamöl
Saft von 1 Limette

Häkelanleitung

Obst- und Gemüsenetz

Gute Zutaten sind die wichtigste Zutat in der Zucchini-Küche. Frisch und regional ist es uns am liebsten. Was nicht in ausreichender Menge in unserem Garten hinter der Zucchini-Zentrale wächst, kaufen wir bevorzugt auf dem wunderbaren und wohl sortierten Münsteraner Wochenmarkt ein. Nebenbei bemerkt: Hier lässt sich auch herrlich ein Cappuccino vor dem Dom schlürfen! Mondän und ohne Müll erledigt man seine Einkäufe mit diesen wunderschön selbst gehäkelten Obst- und Gemüsenetzen. Viel Spaß beim Häkeln!

Runde 1: Das besonders schmucke Detail an diesem Netz ist sein Herzboden. Dafür zunächst einen Magischen Ring formen: Mit dem Häkelgarn eine im Durchmesser ca. 3 Zentimeter große Schlinge bilden, der kurze Faden hängt nach unten und verläuft hinten. Dort, wo sich die Fäden kreuzen, die Schlinge mit Daumen und Zeigefinger festhalten, der lange Faden zeigt nach oben und verläuft vorne. Nun mit der Häkelnadel in die Schlinge einstechen und den langen Faden (= Arbeitsfaden) von hinten nach vorne durch die Schlinge holen. Auf der Häkelnadel befindet sich nun eine kleine Schlaufe. Den Arbeitsfaden mit der Häkelnadel wie beim Häkeln einer Luftmasche durch die Schlaufe holen. Dies ist die eigentliche Anfangsluftmasche.

Nun 3 Lm (=1. Stb) + 9 Stb (10) in den Magischen Ring häkeln, dann den kurzen Faden so fest anziehen, dass sich die Stäbchen zu einem Kreis schließen und das Loch in der Mitte verschwindet. Mit Km in 3. Lm zur Runde schließen.

Runde 2: 3 Lm, in dieselbe M 1 Stb, in die nächsten 9 Stb je 2 Stb (20), mit Km in 3. Lm zur Runde schließen.

Runde 3: 3 Lm, in dieselbe M 1 Stb, 5 Lm, 2 M auslassen, *in die nächste M 2 Stb, 5 Lm, 2 M auslassen*, von * zu * noch 5 Mal wiederholen (7 x 2 Stb + 5 Lm), mit Km in 3. Lm zu Runde schließen.

Runde 4: 3 Lm, in dieselbe M 1 Stb, in die nächste M 2 Stb, 4 Lm, *in die nächsten 2 Stb je 2 Stb, 4 LM*, von * zu * noch 5 Mal wiederholen, mit Km in 3. Lm zur Runde schließen.

MATERIAL

50 g 100% Baumwolle LL ca. 140 m, merzerisiert
Häkelnadel 2,5
Schere und Nadel zum Vernähen

bei anderer Lauflänge die Nadelstärke entsprechend anpassen (z. B. LL 125 m/50 g = Nadelstärke 3)

ABKÜRZUNGEN

M = Masche
Lm = Luftmasche
Km = Kettmasche
fM = feste Masche
Stb = Stäbchen
zus. abgem. Stb = zusammen abgemaschte Stäbchen

Runde 5: 3 Lm, in dieselbe M 1 Stb, in die nächsten 3 Stb je 2 Stb, 3 Lm, *in die nächsten 4 Stb je 2 Stb, 3 Lm*, von * zu * noch 5 Mal wiederholen, mit Km in 3. Lm zur Runde schließen.

Runde 6: 3 Lm, in dieselbe M 1 Stb, in die nächsten 6 M je 1 Stb, in die nächste M 2 Stb, 2 Lm, *pro Stäbchengruppe: in das erste Stb 2 Stb, in die nächsten 6 Stb je 1 Stb, in das letzte Stb 2 Stb, 2 Lm*, von * zu * noch 5 Mal wiederholen, mit Km in 3. Lm zur Runde schließen.

Runde 7: 3 Lm, in dieselbe M 1 Stb, in die nächsten 4 M je 1 Stb, 2 Lm, in die nächsten 4 M je 1 Stb, in die nächste M 2 Stb, *pro Stäbchengruppe: in erstes Stb 2 Stb, in die nächsten 4 M je 1 Stb, 2 Lm, in die nächsten 4 M je 1 Stb, in das letzte Stb 2 Stb*, von * zu * noch 5 Mal wiederholen, mit Km in 3. Lm zur Runde schließen.

Runde 8: Ab hier werden die Abnahmen für die Herzbögen herausgearbeitet. In erste M: 1 Km + 3 Lm + 1 Stb, in die nächsten 2 M je 1 Stb, in die nächsten 2 M zus. abgem. Stb, 6 Lm, *in die ersten 2 M zus. abgem. Stb, in die nächsten 2 M je 1 Stb, in die nächsten 2 M zus. abgem. Stb, 6 Lm*, von * zu * bei jedem Herzbogen wiederholen, mit Km in 3. Lm zur Runde schließen.

Runde 9: 3 Lm, in die nächsten 3 M zus. abgem. Stb, 6 Lm, Km in Lm-Bogen der Vorrunde, 6 Lm, *in die nächsten 4 M zus. abgem. Stb, 6 Lm, Km in Lm-Bogen der Vorrunde, 6 Lm*, von * zu * bis zum Rundenende wiederholen, mit Km in 3. Lm zur Runde schließen.

Runde 10–29: Ab hier wird die Netztasche gehäkelt (ohne Zunahmen in Spiralrunden):
5 Lm, 1 Km in den Luftmaschenbogen, von * bis * noch 28 Mal wiederholen (= pro Runde 29 Bogen).

Tipp: Wer eine größere Netztasche möchte, häkelt einfach ein paar Runden mehr.

Beim letzten Bogen statt 1 Km 1 fM häkeln.

Runde 30: fM in denselben Bogen, in den nächsten und jeden weiteren Lm-Bogen 3 fM, dabei locker häkeln, damit der Rand elastisch bleibt (= 87 fM).

ABKÜRZUNGEN

M = Masche
Lm = Luftmasche
Km = Kettmasche
fM = feste Masche
Stb = Stäbchen
zus. abgem. Stb = zusammen abgemaschte Stäbchen

Runde 31–33: In jede M 1 fM häkeln (pro Runde 87 fM).

Runde 34: 3 Lm, 2 M auslassen, in 3.+4. M je 1 fM, *3 Lm, 2 M auslassen, in 3.+4. M je 1 fM*, von * zu * wiederholen bis zum Rundenende.

Runde 35: *2 fM um den Lm-Bogen, 2 fM in die 2 fM der Vorrunde*, von * zu * wiederholen bis zum Rundenende.

Runde 36: 1 Lm, 1 fM in jede M, mit Km in die Lm zur Runde schließen.

Runde 37 (optional): Mausezähnchenrand: 4 Lm, in 1. Lm 1 fM, 1 M auslassen, in die nächste M 1 Km, *3 Lm, in 1. Lm 1 fM, 1 M auslassen, in die nächste M 1 Km*, von * zu * bis Rundenende wiederholen.

Faden abschneiden, durch die letzte M ziehen und alle Fäden vernähen.

Zum **Zuziehen des Gemüsenetzes** eine ca. 50 cm lange Kordel aus der restlichen Wolle entweder mit einer Strickliesel oder wie folgt häkeln:
Mit der Häkelnadel wie beim Stricken 3 M locker nebeneinander (!) anschlagen. Zum Fixieren der letzten (dritten) Masche 1 Lm durch diese häkeln. Die Nadel aus der dritten und zweiten M herausziehen und die beiden M mit Daumen und Mittelfinger gut festhalten. Den Faden holen und durch die erste M, die sich noch auf der Häkelnadel befindet, ziehen. Die zweite M nun wieder vorsichtig auf die Häkelnadel nehmen (die dritte M immer noch gut festhalten) und den Faden durchziehen. Jetzt die dritte M wie die anderen M auf die Nadel holen und den Faden durchziehen. Es befinden sich wieder 3 M auf der Häkelnadel. Nun alles so oft wiederholen, bis die Kordel die gewünschte Länge hat. Wenn die richtige Länge erreicht ist, den Faden durch alle M auf einmal ziehen und großzügig abschneiden. Damit die Kordel schön rund wird und die Spannfäden auf der Rückseite nicht mehr zu sehen sind, ein paar Mal in die Länge ziehen. Dann die fertige Kordel durch die Lochreihe des Beutels ziehen. Soll sie einen Kreis bilden, nun mit Anfangs- und Schlussfaden zusammennähen – möchte man sie später zubinden, die Fäden einzeln vernähen.

ABKÜRZUNGEN

M = Masche
Lm = Luftmasche
Km = Kettmasche
fM = feste Masche
Stb = Stäbchen
zus. abgem. Stb = zusammen abgemaschte Stäbchen

Unverpackt einkaufen

Eine schöne und nachhaltig kluge Neuigkeit in Münster und andernorts sind die unlängst eröffneten „Unverpackt-Läden". Hier kauft man mit selbst mitgebrachten Dosen, Gläsern und Taschen ein und spart somit unnötige Umverpackungen. Auf dem Markt aber auch an vielen Frischetheken kann man mittlerweile ebenfalls seine eigenen Vorratsbehälter auffüllen lassen. Das vermeidet enorm viel unnötigen Müll. Praktischer Nebeneffekt: Zu Hause angekommen muss nicht wieder alles aus- und umgepackt werden und es schleichen sich nicht so viele stark verarbeitete Lebensmittel in den Vorratsschrank.

Zucchini-Kartoffelsalat mit Kapern und Dill

Der Kenner und Genießer weiß: Ein Kartoffelsalat schmeckt dann am besten, wenn er ausreichend Zeit hatte sich über Nacht im Kühlschrank mit all seinen Zutaten zu einem köstlichen Geschmackskonglomerat zu verbinden. Aber wir müssen gestehen: Bei uns ist am nächsten Tag oft nicht viel übrig vom Salat! Denn die Zucchini Sistaz genießen ihren Kartoffelsalat gar zu gerne nach dem Konzertieren daheim als revitalisierendes Mitternachtsmahl. Aber auch für ein Picknick im Grünen oder einen Tag am Meer ist unser Salat bestens geeignet, denn man kann ihn gut vorbereiten und transportieren.

ZUTATEN

Für 4 Personen

- 600 g festkochende Kartoffeln
- 4 kleinere Zucchini
- 1 EL Sonnenblumenöl
- Salz
- Pfeffer
- 5 Stängel Dill
- 3 EL hochwertiges Olivenöl
- 1 EL weißer Balsamico-Essig
- 3 TL Kapern

1. Kartoffeln sorgfältig waschen und mit Schale in 15–20 Minuten bissfest kochen. Nach dem Kochen mit kaltem Wasser abschrecken, um ein weiteres Nachgaren zu vermeiden.
2. Die Zucchini waschen, putzen und längs halbieren. Das Sonnenblumenöl in einer Grillpfanne stark erhitzen. Die Zucchinihälften auf der Schnittfläche ca. 3 Minuten scharf anbraten. Mit der Grillzange wenden und weitere 3–5 Minuten anbraten. Herausnehmen und auf einem mit Küchenpapier ausgelegten Teller abtropfen lassen. Salzen und pfeffern.
3. Den Dill abbrausen, trocken schütteln und in grobe Stücke zupfen. Die Kartoffeln schälen, in Würfel schneiden und in eine Schüssel geben. Mit Olivenöl und Balsamico-Essig vermischen, dann die Kapern und den Dill zugeben und mit Salz und Pfeffer abschmecken.
4. Die Zucchinihälften nach Entfernen der Enden in Scheiben schneiden und behutsam unter den Salat heben. Den Salat möglichst über Nacht im Kühlschrank ziehen lassen und am nächsten Tag durchrühren und erneut mit Essig, Öl, Salz und Pfeffer abschmecken.

Ein schöner Beitrag zu einem bunten Buffet und ein sehr geeignetes Reise-Proviant-Rezept. Diese kleinen Bällchen sind quasi fleischfreie Frikadellen. Der Minzdip bringt eine fantastisch-frische Note ins Spiel. Wer's nicht nur herzhaft, sondern auch deftig mag, kann die Zucchini-Bällchen auch einfach mit Dijon-Senf mampfen.

Zucchini-Bällchen mit Minzdip

1. Für den Dip Zucchini in einem Topf in wenig Wasser ca. 6 Minuten lang bissfest garen. Herausnehmen, abkühlen lassen, fein raffeln und ca. 20 Minuten in einem Sieb abtropfen lassen. Knoblauch schälen und in einem Mörser mit Salz zerstoßen. In einer Schüssel Joghurt, Öl und Knoblauch vermengen und die Zucchini unterheben. Mit Salz und Pfeffer abschmecken. Minze abbrausen, trocknen, fein zupfen und zugeben. (Wenn weniger Geschmacksintensität gewünscht ist, die Kräuter erst kurz vor dem Servieren zugeben.) Dip mindestens 1 Stunde im Kühlschrank ruhen lassen.

2. Für die Bällchen den Backofen auf 190 °C Umluft vorheizen, ein Backblech mit Backpapier auslegen. Staudensellerie gründlich waschen, putzen, schälen und fein würfeln. In einer Pfanne im heißen Öl anbraten. Zwiebeln und Knoblauch schälen, fein würfeln und zum Sellerie in die Pfanne geben und mitbraten. Paprika waschen, putzen, Samen und Scheidewände entfernen, in feine Würfel schneiden und ebenfalls mitbraten. Zucchini waschen, putzen, halbieren und mit einem Löffel entkernen. Ein Drittel der Zucchinimenge (ca. 150 Gramm) in feine Würfel schneiden. Zugeben und mitbraten.

3. Wenn die Zucchini bissfest gegart sind, Tomatenmark zugeben, mit einem Pfannenwender verteilen und ebenfalls anbraten. Zwischendurch umrühren und mit Garam Masala, Salz und Pfeffer würzen. Pfanne vom Herd nehmen und abkühlen lassen.

4. Die Kichererbsen abgießen, in eine Schüssel geben und mit dem Kartoffelstampfer zerquetschen. Restliche Zucchini hobeln und die Eier aufschlagen. Zucchini, Eier, Leinsamen und das abgekühlte Gemüse zu den Kichererbsen geben und alles vermischen. (Falls die Masse zu flüssig ist, mit Flohsamenschalen oder Kichererbsenmehl andicken.)

5. Parmesan und Sesam auf einem tiefen Teller verteilen. Aus der Masse Kugeln formen, diese in der Parmesan-Sesam-Mischung wälzen, auf das Blech legen und 15–20 Minuten backen. Die knusprigen Bällchen mit dem Dip servieren.

Tipp

Für eine leckere Nusskruste: Statt Parmesan und Sesam schmecken auch 80 Gramm gemahlene Haselnüsse.

ZUTATEN

Für 4 Personen

Für den Dip:

2 mittelgroße Zucchini
1 Knoblauchzehe
1 Prise Salz
200 g griechischer oder türkischer Joghurt (10 % Fett)
2 EL Olivenöl
1 Prise schwarzer Pfeffer
einige Minzblätter

Für die Bällchen:

3 Stangen Staudensellerie
ca. 440 g Zucchini
1 EL Olivenöl
2–3 rote Zwiebeln
2 Knoblauchzehen
1 rote Paprika
2 EL Tomatenmark
2 TL Garam Masala
Salz
Pfeffer
220 g Kichererbsen
1 EL geschroteter Leinsamen
2 Eier
evtl. 1–3 TL Flohsamenschalen oder 2–3 TL Kichererbsenmehl
40 g geriebener Parmesan
40 g Sesamsamen

Hausgemachte Gesichtsmasken

Selbst gemachte Naturkosmetik ist absolut angesagt und bietet enorme Vorteile gegenüber gekauften Produkten. Die Zutaten hat man meist in Küche und Kühlschrank parat und das Herstellen und Experimentieren ist durchaus amüsant. Man kommt ohne Konservierungs- und Zusatzstoffe aus und die Haut dankt es einem mit strahlendem Teint. Die Zucchini Sistaz verraten hier erstmalig ihre drei Lieblingsrezepte in Sachen Gesichtsgericht.

Die Zucchini-Maske

ZUTATEN

3 Scheiben Zucchini
   (ca. 1 cm dick)
1 EL Quark (45 % F. i. Tr.)
1 TL Honig
ggf. 1 Spritzer Olivenöl

Sie haben es bestimmt schon gemerkt: Die Zucchini ist ein wahres Multitalent und wer eine ihrer weiteren Facetten erkunden möchte, zwackt sich beim Kochen ein paar Scheiben ab und probiert diese ungewöhnliche Gesichtsmaske aus. Mit ihren Mineralstoffen, Vitaminen und Antioxidantien erfrischt die Zucchini nicht nur innerlich, sondern tut auch der Haut etwas Gutes.

1. Die Zucchinischeiben mit dem Stabmixer pürieren. Quark, Honig und nach Belieben Olivenöl zugeben und alles gut vermengen. Achtung, die Konsistenz sollte nicht zu flüssig sein.
2. Das Gesicht reinigen, abtrocknen und die Maske auftragen. Gönnen Sie sich ca. 30 Minuten Entspannung, während die Maske ihre wohltuende Wirkung entfaltet.
3. Die angetrockneten Reste mit lauwarmem Wasser abspülen – und sich über den herrlich strahlenden Teint freuen.

Tipp

Im Hause Zucchini verwendet man für das Auftragen der Masken einen ausgedienten Make-up-Pinsel.

Die Bananen-Maske

Die Banane ist nicht nur eine leckere Zwischenmahlzeit, sondern auch ein Hautschmeichler – wir vermuten stark, dass Josephine Baker nicht etwa willkürlich zur Banane griff, als sie sich das legendäre Bananenröckchen um die Hüften band und selbige in elektrisierenden Kreisen schwingen ließ. Mit Sicherheit wusste sie genauestens Bescheid über die vitalisierende Wirkung dieser exotischen Frucht. In jeglicher Hinsicht.

1. Die Banane mit der Gabel zerdrücken, einige Tropfen Zitronensaft zugeben und dann mit dem Quark zu einer guten Maskenkonsistenz verrühren. Zum Schluss Honig zugeben.
2. Das Gesicht reinigen, zum Beispiel mit einem Peeling, abtrocknen und anschließend die Maske auftragen. 20–30 Minuten einwirken lassen.
3. Die Reste mit lauwarmem Wasser abspülen.

ZUTATEN

½ reife Banane
etwas Zitronensaft
1 EL Quark (45 % F. i. Tr.)
1 TL Honig

Die Kaffee-Maske

Extrem erfrischend und belebend! Für alle Kaffee-Fanatiker also genau das richtige. Diese Maske weckt die Sinne mit ihrem betörenden Duft und hat einen aromatisch peelenden Effekt. Rosige Wangen und streichelzarte Haut garantiert.

1. Alle Zutaten miteinander verrühren.
2. Das Gesicht reinigen, abtrocknen und die Maske auftragen. 20–30 Minuten einwirken lassen.
3. Die angetrockneten Reste anschließend in kreisenden Bewegungen mit lauwarmem Wasser abnehmen.

ZUTATEN

1 EL gemahlener Espresso
1 TL Kokosöl
1 TL Honig
ggf. 1 Schuss Milch

Saftiger Zucchinikuchen

In der Zucchini-Zentrale sehr beliebt als Geburtstagsofferte mit passendem gemüsikalischem Ständchen – das kommt niemals aus der Mode! Dieses feingrüne Gebäck ist die kleine Schwester der orangenen Schweizer Rüebli-Torte. Saftig und nicht zu süß darf man sie gerne schon mal zum Frühstück vernaschen. Und ein Klecks Sahne passt natürlich immer.

ZUTATEN

Für 3 kleine Gugelhupfformen
(oder 1 Kastenform)

- 500 g Zucchini
- 5 Eier
- 150 g Puderzucker
- 300 g gemahlene Mandeln
- 60 g Dinkelmehl
- 1 gehäufter TL Backpulver
- 1 Prise Salz
- Butter für die Formen
- 1 EL gemahlener Grieß (oder Paniermehl)

Für den Guss:
- 250 g Puderzucker
- Saft von 1 Zitrone

1. Den Backofen auf 180 °C vorheizen.
2. Die Zucchini waschen, putzen, mittelfein raffeln und in einem Sieb abtropfen lassen. Bei sehr großen Zucchini die Kerne entfernen. (Als Variante können auch feine Würfel geschnitten werden.)
3. Die Eier trennen. Das Eiweiß in einer gekühlten Glasschüssel mit etwas Puderzucker steif schlagen und kühl stellen. Das Eigelb mit dem restlichen Puderzucker in einer Rührschüssel cremig-schaumig schlagen. Mandeln und Zucchini unterheben.
4. Das Mehl sieben, mit Backpulver und Salz vermischen und nach und nach unter den Teig mischen. (Erscheint der Teig zu flüssig, noch etwas mehr Mehl hinzugeben.) Zum Schluss den Eischnee vorsichtig unterheben.
5. Die Backformen einfetten und mit Grieß ausstreuen. Den Teig in die Formen füllen und im heißen Ofen auf der unteren Schiene ca. 30 Minuten (in der Kastenform 45–50 Minuten) backen.
6. Den Kuchen herausnehmen, 10 Minuten in der Form abkühlen lassen, dann auf einen Rost stürzen und ca. 1 Stunde abkühlen lassen.
7. Puderzucker und Zitronensaft zu einem Guss verquirlen und mit einem Esslöffel über den Kuchen träufeln.

Tipp

Für einen festeren Zitronenguss 1 Eiweiß zu Eischnee schlagen. Nach und nach den Puderzucker zum Eischnee geben, zum Schluss den Zitronensaft unterrühren.

Impressum

ISBN 978-3-9821295-0-1
© 2019 Zucchini Sistaz GbR

Sinje Schnittker, Jule Balandat,
Tina Werzinger
Postfach 10 05 11, 48054 Münster

Alle Rechte vorbehalten,
auch auszugsweise

www.zucchinisistaz.de

AUTORINNEN:
Sinje Schnittker
Jule Balandat
Tina Werzinger

MITKÖCHINNEN:
... denn viele Köche verderben
keinesfalls den Brei:
Britta Balandat
Iris Labinsky
Antje Vogel
Nikola Materne

GESTALTUNG UND SATZ:
Nieschlag + Wentrup,
Agentur für Kommunikationsdesign
www.nieschlag-wentrup.de

FOTOS:
Lisa Nieschlag: Seite 1, 4, 14, 15, 16, 17, 18, 20, 21, 23, 24, 25, 28, 29, 33, 34, 42, 43, 44, 45, 46, 48, 52, 53, 57, 58, 60, 65, 66, 71, 72, Rückseite
www.lisanieschlag.de

Peter Wattendorff: Seite 7, 11, 12, 26, 31, 37, 40, 41, 54, Titel
www.wattendorff.de

REDAKTION UND LEKTORAT:
Kathrin Nick, Köln
www.kathrinnick.de

DRUCK:
www.erdnussdruck.de

Danke

Dieses kleine Kompendium, am Anfang bloß eine fixe Idee, entstand in regelrechter Gemeinschaftsarbeit mit so vielen, die sich inspirierend beteiligt haben. Wir bedanken uns bei allen, die sich auf dieses großartige Abenteuer eingelassen haben, denn es war eine aufregende Fahrt ins Ungewisse – mit glücklichem Ausgang! Allen voran natürlich Lisa Nieschlag und Lars Wentrup, die an unsere Vision geglaubt haben, obwohl wir doch als Autorinnen ganz schrecklich grün hinter den Ohren sind. Mit Peter Wattendorff und seinem wundervollen Blick wurde das Team dann fantastisch ergänzt. Kathrin Nick, die Geduld in Person, die dem Ganzen nicht nur einen grünen Faden verpasst hat, sondern auch akribisch jede Zeile geprüft hat. Die wunderschönen Kleider hinter den Kochschürzen sind aus dem großartigen Siggi Spiegelburg Couture Atelier. So kocht es sich wirklich mondän! Unseren beiden Gastautoren Helmut Gote und Verena Lugert einen herzlichen Dank für die schönen und mit großer Expertise geschriebenen Zeilen. Britta Balandat und Iris Labinsky sind als Schnibbelköniginnen, Köchinnen und tatkräftige Rezeptentwicklerinnen mit extra Dank besonders hervorzuheben. Erstmalig und fantastisch war die Zusammenarbeit mit Dr. Grünzeugs' Leselupe. Die Liste der vielen helfenden Hände und Köpfe ist lang: Johanna & Bruno Werzinger, Barbara Müller, Thomas Koch, Christine Pohl, Toni Kurpas, Manuel Unkelbach, Nikola Materne, Georg Türk, Meram Karahasan, Adam Riese, Antje Vogel, Peter Woller, Martin Rosen, Benita Diekmann, Clara Hartung, LWL-Industriemuseum TextilWerk Bocholt, Marie Nandico, Hirzel Hirzelnsen, Kristina Ballerstaedt, Niklas Birkemeyer, Dr. Martina Klein, Stephan Leuker, Olaf Preiß, Tatjana Jentsch und Rüdiger Brans.